Collection **LES MEILLEURES RECETTES DU MONDE**

La Guyane

Photographies : Roland BENARD
Maquette : Michel BORDIEU

Introduction

C'est une surface de plus de 85 000 km^2 de forêt amazonienne entre Brésil et Surinam, 350 km de côtes sur l'océan Atlantique ainsi que 5 000 espèces animales et végétales.
 Une population métissée composée d'amérindiens issus des migrations précolombiennes, de buchinengés descendants d'esclaves ayant fui en forêt, d'asiatiques venus après l'abolition de l'esclavage et de métropolitains en poste dans l'administration ou en recherche d'aventures et d'or...
 Ce métissage culturel offre une grande richesse culinaire.

C'est aussi une multitudes de fruits et de légumes : maripas, mangues, ramboutans, sorossis, concombres longe, dachines...
 Les poissons et crustacés ne sont pas en reste : attipas, acoupas, gorés, machouirans, tit'gueules, crevettes, crabes...
 La viande présente sous diverses formes : boeuf, poulet, cochon bois, pac, caïman...

Et n'oublions pas le fruit du palmier qu'on appel "l'awara" et qui sert à confectionner le plat servi pour Pâques et que l'on partage entre amis ou en famille : le bouillon d'awara.

"Si tu manges du bouillon d'awara, en Guyane tu reviendras..."
Proverbe guyanais

GRATIN DE COUAC AUX CREVETTES

Pour 6 personnes :

12 crevettes
150 g de couac très fin
1/2 L de lait
200 g gruyère râpé
10 g de beurre
2 oignons
1 petit bouquet garni
Huile

Décortiquer et nettoyer les crevettes.
Emincer les crevettes en ayant soin de garder les têtes pour la décoration.
Réserver.
Emincer finement les oignons.
Faire revenir dans une casserole, l'oignon, l'huile et une noix de beurre.
A l'aide d'une spatule en bois, incorporer le petit bouquet garni.
Baisser le feu, ajouter le couac et les crevettes.
Travailler à l'aide d'une spatule et laisser cuire 10 min.
Goûter et rectifier.
Remplir des ramequins avec le mélange.
Mettre le gruyère râpé.
Décorer avec les têtes de crevette.
Mettre le grille au thermostat 7-8.
Faire gratiner 10 min.

KASSAVE FARCIE AU CRABE

Pour 6 personnes :

**150 g de chair de crabe
1/2 baguette rassi trempée dans le lait
100 g de gruyère râpé
50 g de beurre
1 verre de lait
2 piments végétariens
2 oignons
2 gousses d'ail
3 feuilles de kassaves
Thym, laurier
1 verre d'eau
Huile**

Emincer les oignons, le céleri et les piments végétariens.
Dans une poêle mettre l'huile et une noix de beurre, ajouter l'oignon, le céleri et le thym.
Faire bien revenir puis incorporer la chair de crabe.
Une fois bien réduit, incorporer le mélange de pain préalablement trempé dans le lait et bien égoutté.
Rajouter le sel, le poivre et laisser cuire 10 min.
Goûter, rectifier et arrêter le feu.
Faire tremper la kassave 30 secondes dans un mélange d'eau et de lait.
A l'aide d'une tasse renversée, former des moules avec la kassave.
Les remplir avec la préparation et les fermer avec un autre morceau de kassave.
Les mettre à farcir sur une plaque beurrée.
Mettre sur chaque kassave du fromage râpé et une noix de beurre.
Faire gratiner au four préalablement chauffé pendant 10 min (thermostat 7-8).
Servir chaud avec une sauce créole.

MILLE FEUILLES DE KASSAVE AUX CREVETTES

Pour 6 personnes :

10 crevettes de belle taille
1 noix de beurre
1 verre de lait
1 verre d'eau
Céleri
1 piment végétarien
1 feuille de kassave
Thym, laurier
1/2 oignon
1 gousse d'ail
1 pincée de sel
Huile

Décortiquer les crevettes.
Dans une poêle, faire fondre l'huile et le beurre.
Ajouter l'oignon finement émincé, le céleri haché et l'ail en dernier.
Mixer les crevettes et les mettre dans la poêle.
Ajouter le sel et le poivre.
Goûter et rectifier.
Tremper la kassave dans l'eau et le lait et faire 18 disques.
Intercaler un disque et le mélange de crevettes.
Renouveler l'opération 3 fois.
Napper le mille-feuilles d'une sauce à la tomate.

NEMS AU POULET BOUCANE

Pour 6 personnes :

1 poulet boucané
1 paquet de feuilles de riz
1/2 citron
1 verre d'eau
Céleri
Persil
1 bouquet garni
Piment fort
2 oignons
2 gousses d'ail
Sel, poivre
1/2 L d'huile

Désosser entièrement le poulet.
Le haché finement avec l'oignon, le persil, l'ail et le céleri.
Mélanger et ajouter le sel, le poivre, le jus du demi citron, 1 c. à s. d'huile et le piment.
Goûter et rectifier.
Mettre dans une passoire pour enlever le jus.
Tremper dans de l'eau tiède les feuilles de riz pendant 3 sec.
Mettre au centre 2 c. à s. de poulet.
Les fermer en forme de cigare.
Faire chauffer l'huile et mettre les nems à frire 3 min de chaque côté.
Déguster chaud avec une sauce créole.

CHRISTOPHINES FARCIES AU CRABE

Pour 6 personnes :

**150 g de chair de crabe
6 christophines
10 g de beurre
Chapelure
2 oignons
2 gousses d'ail
Sel, poivre
Huile**

Couper les christophines en deux.
Les faire cuire dans un court-bouillon pendant 15 min.
Les débarrasser dans une passoire et les laisser refroidir.
Dans une poêle, faire revenir l'oignon finement haché avec l'huile et les 10 g de beurre.
Ajouter la chair de crabe et laisser sur un feu très doux.
A l'aide d'une cuillère, enlever la chair de la christophine sans abimer la peau.
Dans une passoire, presser la chair de la christophine afin d'enlever toute l'eau de cuisson.
Incorporer cette purée au crabe et augmenter le feu.
Laisser cuire 10 min.
Ajouter le sel, le poivre et remuer régulièrement.
Goûter et rectifier.
Remplir les christophines du mélange.
Saupoudrer de chapelure.
Faire gratiner 10 à 15 min (thermostat 7-8) au four préalablement chauffé.

BLAFF DE JAMINGOUTE

Pour 6 personnes :

**2 kg de jamingouté
3 branches de céleri
5 citrons
1 piment fort
4 oignons
4 gousses d'ail
1 bouquet garni
Sel chinois
Sel, poivre
Huile**

Nettoyer le jamingouté en morceaux.
Les frotter avec du citron et les branches de céleri.
Les faire mariner avec le jus d'un citron, 2 gousses d'ail, sel, poivre et sel chinois.
Ajouter un verre d'eau et laisser macérer 30 min avec un bouillon cube.
Dans un faitout, faire chauffer 3 litres d'eau avec les 3 c. à s. d'huile, les oignons émincés et le bouquet garni coupé grossièrement.
Une fois en ébullition, rajouter le poisson et laisser cuire 20 min à feu doux.
Goûter et rectifier.
Hors du feu, ajouter le jus d'un citron, l'ail et le céleri haché grossièrement.
Servir avec une mayonnaise, du couac ou du riz.

DANBANGNON

Pour 6 personnes :

**150 g de queues de cochon
1 poulet boucané
800 g de poisson boucané
8 crevettes
Crevettes séchées (facultatif)
2 tomates fraîches
200 g de wang (sésame)
150 g de calou
1 citron
2 c. à s. de roucou (facultatif)
3 oignons
4 gousses d'ail
1 bouquet garni
1 c. à s. de sucre
Sel, poivre
Huile**

Nettoyer, décortiquer et débarrasser les crevettes.
Dans une poêle, faire revenir le wang avec le sucre et trois pincées de sel, puis passer au mixeur et débarrasser.
Dans un faitout, faire revenir les oignons, les tomates émincées et le bouquet garni.
Dans l'huile chaude, incorporer les queues de cochon préalablement dessalées et le concentré de tomates.
Mettre le wang et travailler à la spatule.
Mettre l'équivalent de deux litres d'eau, assaisonner et laisser cuire 20 min.
Couper les calous en rondelles, laver et faire cuire 10 min dans un court-bouillon.
Rajouter dans le faitout les crevettes, le poulet et le poisson boucané coupés en morceaux.
Faire cuire 10 min.
Hors du feu, mettre le jus de citron et l'ail écrasé.

COLOMBO DE PORC

Pour 6 personnes :

1 kg de porc
400 g de pommes de terre
150 g d'aubergines
200 g de haricots verts
1 concombre longe de 800 g
200 g de concombres piquants
8 bilimbis (cornichon créole) ou 3 mangues vertes
2 tomates fraîches
4 citrons
2 oignons
5 gousses d'ail
1 bouquet garni
70 g de curry
Sel chinois
Sel, poivre

Laisser macérer une nuit au réfrigérateur votre viande de porc avec le jus de 3 citrons, l'oignon émincé, 1 gousse d'ail, le sel, le poivre recouverts d'eau.
Eplucher les pommes de terre, les couper en quatre et les laisser tremper dans un peu d'eau salée.
Découper les mangues et les ajouter aux pommes de terre.
Faire revenir les morceaux de porc dans un faitout avec de l'huile très chaude.
Assaisonner, égoutter et ajouter le curry.
Ajouter les pommes de terre, les mangues et le bouquet garni.
Mélanger et laisser cuire 15 min.
Entre temps, éplucher les aubergines 1 tour sur 2.
Eplucher le concombre longe, enlever les pépins et couper-le en morceau.
Gratter les concombres piquants, les presser pour enlever les pépins et les couper en 2.
Nettoyer les haricots verts et les couper en 2.
Laver les légumes et incorporer-les dans le faitout.
Remuer et laisser cuire 15 à 20 min.
Hors du feu, ajouter le jus de citron et l'ail écrasé.
Servir avec un riz créole et un piment.

BIALA

Pour 6 personnes :

1/2 poulet boucané
150 g de queues cochon
150 g poisson boucané
1 kg d'épinard
1 petite dachine
8 crevettes
100 g de crevettes séchées (facultatif)
1 verre de lait coco
200 g de farine
Piment
1 oignon
2 gousses d'ail
1 bouquet garni
Sel, poivre
Sel chinois

Décortiquer les crevettes, les nettoyer et réserver au frais.
Dans un faitout, faire chauffer 4 c. à s. d'huile.
Incorporer les oignons préalablement épluchés et finement émincés.
Mettre les queues de cochon dessalées et faire revenir 3 à 4 min.
Ajouter les épinards et laisser cuire 6 min.

Entre temps, faire des dombrés :

Mélanger la farine avec 2 c. à s. de lait de coco, du sel, du poivre et du sel chinois.
Faire une pâte que l'on roule en boule.

Dans le faitout, ajouter la dachine coupée en petits dés et lavée, puis les dombrés.
Laisser cuire à nouveau 10 min. en remuant de temps en temps.
Rajouter les crevettes, le poisson, le poulet et les crevettes séchées préalablement trempées dans l'eau tiède.

FRICASSEE DE PAC ou DE COCHON BOIS

Pour 6 personnes :

1 kg de viande pac ou de cochon bois
2 piments végétariens
3 citrons
4 oignons
5 gousses d'ail
1 bouquet garni
Clous de girofle
Cube de bouillon
Sucre roux
Sel, poivre
Sel chinois

Couper la viande en morceaux et la blanchir à l'eau.
Passer sous l'eau froide et faire macérer avec un oignon, deux gousses d'ail, trois clous de girofle, un peu de thym, sel, poivre, sel chinois, trois citrons et un cube de bouillon.
Couvrir d'eau et laisser mariner une nuit au réfrigérateur.
Verser dans un faitout 3 c. à s. d'huile et une c. à s. de sucre roux.
A feu vif, laisser former un caramel puis incorporer la viande et faire roussir.
Ajouter 3 litres d'eau et laisser cuire 40 min à couvert en ayant soin de remuer de temps en temps.
Piquer pour vérifier que la viande est cuite, et rectifier l'assaisonnement si nécessaire.
Hors du feu, rajouter les gousses d'ail et le jus de citron.
Servir avec du riz ou du couac et des haricots rouges.

DAUBE DE CONCOMBRE

Pour 6 personnes :

1 poulet boucané de 1kg
150 g de queues cochon
800 g de poisson boucané
8 crevettes
1 kg de concombre
2 tomates fraîches
1 c. à s. de concentré de tomates
2 citrons
2 oignons
3 gousses d'ail
Piment
Girofle
1 bouquet garni
Sel, poivre
Sel chinois

Décortiquer les crevettes, les nettoyer et réserver au frais.
Eplucher les concombres, les couper en deux, enlever les pépins et les couper grossièrement en dés.
Eplucher les oignons et les émincer finement.
Faire revenir le tout dans un faitout préalablement chauffé avec 3 c. à s. d'huile.
Ajouter les tomates fraîches émincées, le bouquet garni et les clous de girofles.
Ensuite les concombres, le concentré de tomates.
Enfin l'équivalent d'1 litre d'eau ainsi que les queues de cochon préalablement dessalées et couper en morceaux.
Laisser cuire 30 min à couvert.
Incorporer les crevettes, le poulet et le poisson boucané coupés en morceaux.
Hors du feu, ajouter le jus de citrons et l'ail écrasé.
Servir chaud avec un riz créole.

DAUBE DE POISSON BOUCANE AU CALOU

Pour 6 personnes :

1,5 kg de poisson boucané
800 g de calous
2 tomates fraîches
1 c. à s. de concentré de tomates
2 citrons
2 oignons
2 gousses d'ail
1 bouquet garni
Clou de girofle
1 piment
Sel, poivre
Sel chinois

Eplucher les oignons.
Les faire revenir dans un faitout avec trois c. à s. d'huile.
Ajouter les calous préalablement lavés et coupés grossièrement.
Mettre le concentré de tomates et les deux tomates fraîches émincées.
Faire revenir en remuant à l'aide d'une spatule en bois.
Ajouter l'équivalent d'un litre d'eau.
Saler, poivrer, ajouter deux pincées de sel chinois et le bouquet garni.
Faire cuire 20 à 25 min à couvert.
Mettre le poisson boucané en morceaux.
Rectifier et hors du feu, ajouter le jus des citrons et l'ail écrasé.
Servir avec du riz chaud et du piment.

BOUILLON D'AWARA

Pour 10 personnes :

Légumes :

1 kg de haricots verts
2 kg d'épinards
1 kg de concombres piquants
3 gros concombres longe

Viandes et poissons :

1 kg de porc à roussir
1 poule de 1,5 kg
1 kg de poulet boucané
800 g de poisson boucané
500 g de queues de cochon
300 g de viande salée
400 g de poitrine fumée
400 g de travers de porc salés
300 g de museaux de porc

2 kg de pâte d'awara

Faire déssaler la veille les salaisons en changeant l'eau 3 fois.
Mettre la pâte d'awara dans un faitout, laisser réduire 3 heures.
Faire rissoler le cochon et le poulet en les ayant assaisonnés la veille.
Eplucher et couper les concombres longe.
Incorporer les légumes à la pâte d'awara.
Remuer à l'aide d'une spatule en bois.
Ajouter les épinards nettoyés, ainsi que les concombres piquants grattés et évidés.
Laisser cuire 2 heures.
Incorporer les salaisons, la poulet et le porc.
Laisser cuire 2 heures 30 environ jusqu'à obtenir un bouillon très épais.

Le bouillon d'awara est un plat qui se déguste à Pâques ou à la Pentecôte en famille ou entre amis.

C'est un plat long à préparer :

Si zot lé manjé bouyon wara lé dimanch,

Koumansé préparé li dipli lé vandrédi...

ATIPA AU LAIT DE COCO

Pour 6 personnes :

2 kg d'atipa bosco
1 verre de lait de coco
2 tomates fraîches
1 c. à s. de concentré de tomates
2 citrons
2 oignons
4 gousses d'ail
1 bouquet garni
1 clou de girofle
Sel, poivre
Sel chinois

Pour la farce :

100 g de lardons
Céleri émincé
1 oignon
1 gousse d'ail

Echauder les atipas.
Les brosser afin d'enlever les alluvions.
Couper les nageoires et les laver avec du citron.
Faire de petites incisions sous le ventre et les farcir avec le mélange de lardon, oignon, ail et céleri haché.
Dans un faitout, laisser macérer les atipas trois à quatre heures avec un citron, les oignons, le sel, le poivre, le clou de girofle, le thym, le sel chinois et un demi verre d'eau.
Faire revenir avec 3 c. à s. d'huile, l'oignon émincé et les tomates.
Ajouter le concentré de tomates.
Mouiller avec deux d'eau.
Ajouter les atipas, le bouquet garni et laisser cuire 30 min à couvert.
Goûter et rectifier
Hors du feu, rajouter le jus de citron, l'ail écrasé et le lait de coco.
Servir avec du riz, des bananes frites et un piment.

TETEOULE

Pour 6 personnes :

**1 kg de poisson salé
800 g de pommes de terre
3 tomates fraîches
Céleri
2 citrons
2 oignons
4 gousses d'ail
Clou de girofle
1 bouquet garni
Poivre
Sel chinois**

Couper le poisson salé en morceaux.
Le faire blanchir pendant 20 min. en ayant changé son eau deux à trois fois.
Passer au tamis.
Laver le faitout et remettre sur le feu.
Ajouter trois c. à s. d'huile, les oignons émincés et les tomates.
Eplucher les pommes de terre et les couper en morceaux.
Les laver puis les mettre dans le faitout avec le concentré de tomate.
Mouiller avec deux litres d'eau.
Mettre le bouquet garni, le poivre, le sel chinois et laisser cuire 20 min.
Ajouter le poisson salé et laisser cuire 15 à 20 min.
Goûter et rectifier.
Hors feu, ajouter le jus des citrons et l'ail écrasé.
Servir avec du riz ou des légumes.

GAMBAS AU CURRY ET LAIT DE COCO

Pour 6 personnes :

24 belles gambas
1 verre de lait de coco
4 c. à s. de crème fraîche
1 c. à c. de curry
2 tomates
1 oignon
1 c. à c. de Ricard
1 brin de céleri
Sel, poivre
Sel chinois

Décortiquer les gambas et les assaisonner avec du sel, du poivre et du sel chinois.
Dans une poêle, faire fondre une noix de beurre.
Mettre l'oignon, les tomates émincées, faire revenir puis débarrasser.
Laisser la poêle sur le feu, incorporer les gambas avec une noix de beurre.
Les faire cuire de chaque côté 5 à 10 min.
Ajouter les tomates et l'oignon.
Flamber au Ricard, saler et poivrer.
Ajouter le lait de coco et les 4 c. à s. de crème fraîche.
Laisser mijoter 10 min.
Rectifier l'assaisonnement.
Emincer le céleri et le parsemer sur les gambas avant de servir.

PIMENTADE DE GAMBAS

Pour 6 personnes :

**24 belles gambas
4 gousses d'ail
1 citron
2 tomates
2 oignons
1 brin de céleri
1 noix de beurre
1 brin thym
4 c. à s. de concentré de tomates
Sel, poivre
Sel chinois
Huile**

Décortiquer les gambas.
Les assaisonner avec sel, poivre et sel chinois.
Dans une poêle, faire fondre une noix de beurre.
Faire revenir les gambas 5 à 10 min de chaque côté puis réserver.
Ajouter oignons et tomates émincés avec le thym et faire revenir 5 à 10 min.
Ajouter le concentré de tomates.
Mouiller avec un verre d'eau et laisser mijoter à feu doux 10 min.
Ajouter les gambas.
Remuer en incorporant le céleri haché.
Servir avec du riz blanc et des bananes frites.

PIMENTADE DE VIVANEAU

Pour 6 personnes :

**1,5 kg de vivaneau
2 c. à s. d'huile d'ara-
chides
2 c. à s. de concentré de
tomates
2 tomates fraîches
1 oignon
2 gousses d'ail
1 petit bouquet garni
3 citrons
Sel, poivre
Sel chinois
1 piment**

Nettoyer les poissons.
Les couper en darnes et les laver.
Les faire mariner avec une gousse d'ail, du sel,
du sel chinois et le jus d'un citron pendant 20 min.
Dans un faitout, mettre deux c.à s. d'huile sur le feu
et faire roussir les tomates, l'oignon et le concentré
de tomates.
Ajouter les darnes de poisson, le sel, le sel chinois,
deux verres d'eau et le bouquet garni.
Laisser cuire à feu doux et à couvert pendant 10 min.
Goûter la sauce et rectifier.
Incorporer les citrons restants et l'ail.
Servir bien chaud avec du riz blanc et des bananes
frites.

POISSON SALE AUX LEGUMES

Pour 6 personnes :

1 dachine
3 bananes jaunes
3 belles patates douces
3 petits ignames
1 piment végétarien
1 kg de poisson salé
1 bouquet garni
4 citrons
Sel chinois
Huile

Faire dessaler le poisson la veille à l'eau froide.
Mettre sur le feu et laisser dessaler à nouveau 40 à 50 min.
Emincer un oignon, deux tomates et un piment végétarien.
Dans un bol, ajouter le sel chinois, un verre d'eau et le bouquet garni émincé grossièrement.
Ajouter le poisson salé coupé en morceaux et le jus des citrons.
Goûter et rectifier.
Eplucher les légumes (sauf les bananes).
Les laver avec du jus de citron.
Mettre dans une casserole et recouvrir d'eau avec une c. à c. de sel et deux c. à s. d'huile.
Laisser cuire 10 min.
Ajouter les bananes jaunes coupées en deux et laisser cuire 10 min.
Servir accompagné du poisson.

Vous pouvez faire cuire les légumes à la vapeur.

VIVANEAU FRIT

Pour 6 personnes :

**1 kg de vivaneau
2 citrons
3 gousses d'ail
Huile pour friture
100g de farine
1 bouquet garni et céleri
Sel, poivre
Sel chinois
Piment**

Nettoyer le poisson, le couper en darnes et le laver.
Assaisonner avec le jus des citrons, le sel, le poivre, céleri, le sel chinois et le bouquet garni.
Laisser mariner une heure.
Sécher les poissons à l'aide d'un papier absorbant.
Mettre l'huile dans une poêle et laisser chauffer.
Passer les darnes dans la farine.
Mettre dans la poêle à l'huile fumante.
Laisser cuire chaque côté 10 min.
Servir avec une bonne sauce chien.

PATAPATA D'AUBERGINES

Pour 6 personnes :

**150 g de queues de cochon
1 poulet boucané
2 kg d'aubergines
800 g de poisson boucané
8 crevettes
Crevettes séchées (facultatif)
Concentré de tomate
3 citrons
2 oignons
4 gousses d'ail
1 bouquet garni
Sel, poivre**

Eplucher les aubergines et les couper en morceaux.
Dans un faitout, faire revenir l'huile avec les oignons émincés et les tomates.
Ajouter les aubergines et les queues de cochon préalablement dessalées.
Travailler l'ensemble avec une spatule en bois.
Rajouter le concentré de tomate et mouiller avec 2 litres d'eau.
Faire cuire 30 min. à couvert.
Incorporer les crevettes, le poulet boucané et le poisson boucané coupés en morceaux.
Faire cuire 10 min.
Rajouter le citron et l'ail écrasé.
Servir avec du piment et un riz créole.

POULET BOUCANE

Pour 6 personnes :

2 poulets
4 gousses d'ail
3 citrons
1 bouquet garni
1 clou de girofle
2 piments

Couper le poulet en deux et le nettoyer.
Assaisonner avec le jus de citron, l'ail, le piment écrasé et le bouquet garni.
Ajouter deux verres d'eau, sel, sel chinois et poivre.
Laisser mariner toute la nuit.

Boucanage :

5 kg de charbon
2 pains rassis

Allumer le charbon.
Déposer le pain rassi dans un four à boucaner.
Mettre le poulet à boucaner recouvert de feuille de bananier.
Laisser cuire chaque côté 20 min.
Couper les poulets en petits morceaux.
Servir avec du couac ou du riz blanc et une bonne sauce créole.

CREME DE COUAC AU CARAMEL

Pour 4 personnes :

**200 g de couac fin
1 petite boîte de lait sucré
1/2 L d'eau
Zeste d'1 citron
Cannelle
Muscade
Vanille**

Dans une casserole mettre l'eau, la cannelle, une pincée de muscade râpée et une gousse de vanille coupée en deux.
Faire bouillir pendant 10 min.
Incorporer le couac et remuer à l'aide d'un fouet.
Après 10 min. ajouter le lait sucré.
Remuer au fouet et laisser cuire 6 min. à feu doux.
Servir dans des petits bols.

Lexique :

Atipa bosco :
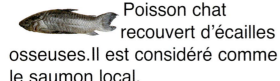
Poisson chat recouvert d'écailles osseuses. Il est considéré comme le saumon local.

Awara :

Palmier dont on utilise la pulpe du fruit pour le bouillon du même nom.

Bilimbi :
Fruit acide qui ressemble à un cornichon.

Blaff :
Court-bouillon à base d'oignon, d'ail, de céleri, et de basilic.

Calou :
Légume que l'on appel gombo en Afrique.

Cochon bois :
Pécari ou sanglier local.

Concombre longe :
Variété de concombre très utilisé localement.

Concombre piquant :
Massicis, légume vert de la famille des concombres.

Couac :
Semoule à base de racine de manioc râpée. Il peut se manger salé pour accompagner un plat, ou sucré.

Christophine :
Chayotte, chouchou.

Dachine :
Légume appelé également taro (ne pas confondre avec

l'igname). Les feuilles se consomment comme des épinards.

Fricassé :
Ragoût qui accompagne les viandes rouges ou blanches.

Jamingouté :
Poisson à la chair fine et sans écailles que l'on trouve uniquement dans le Maroni.

Kassave :
Galette de manioc.

Pimentade :
Sorte de court-bouillon à la sauce tomate.

Piment végétarien :
Piment qui ne pique pas mais relève le goût des aliments.

Roucou :
Fruit du roucouyer, utilisé comme colorant alimentaire.

Sel chinois :

Glutamate de sodium ou vet-sin.
Ce n'est pas du sel mais un exhausteur de goût.

Wang :
Graines de sésame.

Index :

Introduction,
p. 7

Gratin de couac aux crevettes,
p. 8

Kassave farcie au crabe,
p. 11

Mille-feuille de kassave aux crevettes,
p. 12

Nems au poulet boucané,
p. 15

Christophines farcies au crabe,
p. 16

Blaff de jamingouté,
p. 19

Danbangnon,
p. 20

Colombo de porc,
p. 23

Biala,
p. 24

Fricassée de pac ou de cochon bois,
p. 27

Daube de concombre,
p. 28

Daube de poisson boucané au calou,
p. 31

Bouillon d'awara,
p. 32

Atipa au lait de coco,
p. 37

Tétéoule,
p. 38

Gambas au curry et lait de coco,
p. 41

Pimentade de gambas,
p. 42

Pimentade de vivaneau,
p. 45

Poisson salé aux légumes,
p. 46

Vivaneau frit,
p. 49

Patapata d'aubergines,
p. 50

Poulet boucané,
p. 53

Crème de couac au caramel,
p. 54

Lexique,
p. 56

Les recettes de ce livre vous sont proposées par :

Yolaine PARCILY

La Kaz Kréol

"Au coeur de Cayenne,
dans une atmosphère raffinée et élégante,
un instant de bonheur et de gourmandise vous attend."

Cuisine créole traditionnelle.
Cuisine gastronomique avec produit du terroir.

35 avenue d'Estrées
9730 CAYENNE
Tél; : 0594 39 06 97
www.lakazkreol.clan.st

Photos : Roland BENARD
Maquette : Michel BORDIEU

© EDITIONS ORPHIE
ISBN : 978-2-87763-456-4
Achevé d'imprimer en C.E.E. : 4ème trimestre 2008
Dépôt légal : 4ème trimestre 2008
www.orphie.net

L'équipe de LA KAZ KREOL